RÉPONSE

DE LA COMPAGNIE DES AVOUÉS DU PUY

AU QUESTIONNAIRE DE LA CONFÉRENCE DES AVOUÉS

Il ne semble pas que l'on puisse adopter pour unique base de la tarification des frais de justice le principe de la proportionnalité. Ce principe qui pourrait être acceptable dans les grands tribunaux, où dominent les affaires importantes, est inadmissible pour les moyens et petits tribunaux appelés à ne juger que de petites affaires ou des affaires indéterminées et devant lesquels l'affaire un peu importante est l'exception. L'adoption de ce principe aurait des conséquences désastreuses pour les avoués exerçant près les petits tribunaux.

A ce point de vue, il est à noter que pour apprécier l'importance d'un tribunal, il ne faut pas s'en rapporter au nombre des affaires inscrites mais bien à leur nature et à leur importance. Il n'y a pas lieu non plus de s'arrêter à la classification d'un tribunal, classification exclusivement basée sur la population de la ville où siège ce tribunal.

Tel est le cas du tribunal civil du Puy qui, d'après les statistiques, occupe le douzième ou quinzième rang à cause du nombre de ses affaires et qui est classé de deuxième classe eu égard à la population de la ville supérieure à 20,000 habitants. Cependant les affaires qui y sont portées ne roulent, en général, que sur de faibles intérêts, l'arrondissement étant exclusivement rural, montagneux, pauvre, et les héritages morcelés.

Ces considérations nous amènent à conclure que pour le tribunal du Puy la proportionnalité ne pourrait être acceptable qu'en la combinant avec des droits fixes minima à déterminer suivant la nature des affaires. Cette proportionnalité, si elle était admise, devrait être basée sur les intérêts en jeu et non sur les ressources des plaideurs lesquelles ne sauraient être facilement établies et déterminées. Cette détermination ouvrirait la porte à l'arbitraire et imposerait aux parties des justifications souvent onéreuses et toujours vexatoires.

CHAPITRE I.

Droits fixes.

Les droits fixes que nous allons proposer et qui ont été calculés sur une moyenne d'états de frais taxés s'appliqueraient tant aux demandes principales qu'aux interventions, exceptions de garantie et toutes autres procédures. Ils comprendraient tous les émoluments et copies de pièces jusques et y compris les qualités du jugement définitif et varieraient suivant que les affaires seraient ordinaires ou sommaires, donneraient lieu à un seul ou à plusieurs jugements préparatoire, interlocutoire et définitif.

Section I.
Matières sommaires.

§ 1er. Instance ne comportant qu'un seul jugement.
Il serait alloué :

Affaires contradictoires { En demandant........ 60 »
{ En défendant......... 40 »

Affaires par défaut............................ 25 »

§ 2. Instances comportant jugements interlocutoire et définitif.

Affaires contradictoires { En demandant........ 120 »
En défendant........... 80 »

Affaires par défaut......................... 75 »

Dans le cas où interviendrait un deuxième jugement interlocutoire, aux droits fixes ci-dessus viendrait s'ajouter un autre droit fixe :

En demandant.......... 40 »
En défendant........... 25 »
Et par défaut.......... 30 »

SECTION II.

Matières ordinaires.

§ 1. — **Instances ne comportant qu'un seul jugement.**

Affaires contradictoires { En demandant...... 150 »
En défendant....... 100 »

Affaires par défaut....................... 80 »

§ 2. — **Instances comportant jugements interlocutoire et définitif.**

Affaires contradictoires { En demandant..... 330 »
En défendant....... 240 »

Affaires par défaut........................ 150 »

Dans ces trois derniers chiffres sont compris les émoluments attachés à la procédure d'instruction. Le tableau ci-contre en donne la décomposition suivant l'état de la procédure.

	CONTRADICTOIRE en demandant.	CONTRADICTOIRE en défendant.	PAR DÉFAUT
Jusqu'au jugement préparatoire.....	150	100	80
Mesure d'instruction ordonnée.......	80	60	40
Jusqu'au jugement définitif..........	100	80	30
Totaux égaux........	330	240	150

Dans le cas où interviendrait un second jugement préparatoire, aux droits fixes ci-dessus viendrait s'ajouter un autre droit fixe qui serait le même que celui de la mesure d'instruction précédemment ordonnée.

CHAPITRE II.

Droits proportionnels.

Aux droits fixes minima viendrait s'ajouter, pour les matières sommaires au-dessus de 1,000 francs, et pour les matières ordinaires au-dessus de 5,000 francs, un droit proportionnel sur le montant des condamnations pécuniaires ou sur la valeur de l'objet en litige, valeur qui serait déterminée par les éléments de la cause.

Si nous proposons pour base de ce droit proportionnel le chiffre de la condamnation ou la valeur de l'objet en litige, c'est pour prévenir les abus qui pourraient résulter de l'exagération de la demande.

Ces droits proportionnels se superposeraient et pourraient être ainsi fixés.

Section I.
Affaires déterminées.

§ 1. — **Matières sommaires au-dessus de 1,000 francs.**

De 0 à 2,000 francs....................	5 %
De 2,000 à 5,000 francs....................	3 %
De 5,000 à 10,000 francs....................	2 %
Et au delà de ce chiffre....................	1 %

§ 2. — **Matières ordinaires au-dessus de 5,000 francs.**

De 0 à 10,000 francs....................	2 %
De 10,000 à 50,000 francs....................	1 %
Au delà de ce chiffre....................	1/2 %

On pourrait considérer comme affaires déterminées les instances d'adoption, d'interdiction ou de nomination de conseil judiciaire, de séparation ou divorce, etc., pour lesquelles le droit proportionnel serait basé sur la fortune de l'adoptant, de l'interdit ou des époux.

Section II.
Affaires indéterminées.

Quant aux affaires dont la valeur ne peut pas se déterminer, telles que les demandes en distraction d'objets saisis, les incidents de saisie, les litiges relatifs aux chemins ruraux, les appels de justice de paix, les questions de servitudes et autres droits réels, les questions d'état, etc., leur tarification, ci-dessus réglée, ne donnerait pas lieu à l'allocation d'un droit proportionnel. Il est à remarquer que ces sortes d'affaires *sont les plus nombreuses*.

CHAPITRE III.
Procédure postérieure aux jugements.

Il est difficile, sinon impossible, d'établir un droit fixe pour les émoluments attachés aux formalités postérieures aux jugements, savoir : signification du jugement à avoués et à parties, inscriptions, transcription ou mention de résolution aux hypothèques, certificats de signification et de non opposition ou appel, etc., ces formalités variant suivant les espèces, le nombre des parties, celui des avoués en cause et il est encore plus difficile de déterminer la fraction des émoluments qui pourraient être dus au cas où ces formalités viendraient à être interrompues avant d'être parachevées.

Il semblerait donc rationnel de conserver les bases et le

mode de tarif en vigueur, notamment en ce qui concerne les écritures et les inscriptions hypothécaires, sauf à voir si le chiffre de ces émoluments ne devrait pas être légèrement augmenté et modifié dans le sens de la proportionnalité.

CHAPITRE IV.

Fractionnement des droits.

En cas d'arrêt de la procédure avant jugement, l'application des droits fixes et proportionnels devrait être réduit suivant le degré d'avancement de la procédure.

Droits fixes.

Section I. — Matières sommaires.

§ 1. — **Instances ne comportant qu'un seul jugement.**

Affaires contradictoires :

1/4 du droit avant l'inscription au rôle. { En demandant. 15 »
{ En défendant. 10 »

1/2 du droit après l'inscription et avant la pose des qualités. { En demandant. 30 »
{ En défendant. 20 »

Droit entier après les conclusions posées, qu'il y ait ou non plaidoirie.

Affaires par défaut :

1/2 du droit fixe avant le jugement............. 12 50

§ 2. — **Instances comportant jugements interlocutoire et définitif.**

Affaires contradictoires :

Après jugement interlocutoire mais avant la levée de ce jugement, le droit déjà déterminé pour les instances ne comportant qu'un seul jugement, soit en demandant 60 et et en défendant 40 ;

Après la levée de ce jugement et avant le rétablissement

au rôle, nous renvoyons à l'observation relative aux émoluments attachés aux formalités postérieures aux jugements (Chap. III).

Après le rétablissement au rôle et avant les conclusions prises, les droits déjà acquis et en outre la moitié du surplus du droit total, soit : $\begin{cases} \text{en demandant. } 60 + 30 = 90 \text{ »} \\ \text{en défendant.. } 40 + 20 = 60 \text{ »} \end{cases}$

Après les conclusions prises, le droit entier serait acquis, qu'il y ait eu ou non plaidoirie.

Affaires par défaut :

Après jugement interlocutoire mais avant la levée de ce jugement le droit déjà déterminé pour les instances ne comportant qu'un seul jugement, soit 25 francs.

Après la levée de ce jugement, mais avant rétablissement au rôle, nous renvoyons à l'observation du Chapitre III.

Après le rétablissement au rôle, le droit déjà acquis et en outre la moitié du reste du droit total, soit $25 + 25 = 50$ »

Dans le cas où interviendrait un autre jugement interlocutoire le droit spécial, fixé pour ce second incident, devrait être alloué :

En matière contradictoire :

Pour moitié avant les conclusions $\begin{cases} \text{en demandant. } 20 \text{ »} \\ \text{en défendant.. } 12\ 50 \end{cases}$
prises
et intégralement après.

Par défaut avant jugement définitif............. 15   »

Section II — Matières ordinaires.

§ 1. — Instances ne comportant qu'un seul jugement.

Affaires contradictoires :

1/4 du droit avant inscription au rôle $\begin{cases} \text{en demandant. } 37\ 50 \\ \text{en défendant.. } 25 \text{ »} \end{cases}$

1/2 du droit après inscription et avant la pose des qualités $\begin{cases} \text{en demandant. } 75 \text{ »} \\ \text{en défendant.. } 50 \text{ »} \end{cases}$

Droit entier après les conclusions prises, qu'il y ait eu ou non plaidoirie.

Affaires par défaut :
1/2 du droit avant le jugement, soit : 40 francs.

§ 2. — Instances comportant jugements interlocutoire et définitif.

Affaires contradictoires :

Après jugement interlocutoire, mais avant la levée de ce jugement, le droit déjà déterminé pour les instances ne comportant qu'un seul jugement, soit en demandant 150 fr. et en défendant 100 francs.

Après la levée de ce jugement et avant le rétablissement au rôle, les droits déjà acquis et, en outre, les droits attachés à la mesure d'instruction, soit : { en demandant $150 + 80 = 230$ » / en défendant $100 + 60 = 160$ »

Après le rétablissement au rôle, ensuite de l'accomplissement des formalités d'instruction et avant les conclusions prises, les droits ci-dessus et en outre la moitié du surplus du droit total, soit : { en demandant $150 + 80 + 50 = 280$ » / en défendant $100 + 60 + 40 = 200$ »

Après les conclusions prises, le droit entier, qu'il y ait eu ou non plaidoirie.

Affaires par défaut :

Après jugement interlocutoire, mais avant la levée de ce jugement, le droit déjà déterminé pour les instances ne comportant qu'un seul jugement, soit : 80 francs

Après la levée de ce jugement, mais avant rétablissement au rôle, le droit déjà acquis et en outre le droit attaché à la mesure d'instruction, soit.... $80 + 40 = 120$ »

Après le rétablissement au rôle, ensuite des formalités de la mesure d'instruction, mais avant le jugement définitif, les droits ci-dessus et en outre la moitié du surplus du droit total, soit.................... $80 + 40 + 15 = 135$ »

Pour le cas où interviendrait un second jugement interlocutoire, le droit spécial fixé pour ce second incident pourrait être alloué :

En matière contradictoire :

Pour moitié avant les conclusions prises.............. .... { en demandant. 40 » / en défendant.. 30 »

et intégralement après,

Par défaut avant jugement définitif............... 20 »

DROITS PROPORTIONNELS.

Le droit proportionnel, si l'affaire sommaire ou ordinaire est de nature à le comporter, serait fractionné dans les mêmes proportions que le droit fixe.

Exemple : sur une affaire de 20,000 francs traitée en matière ordinaire contradictoire, en demandant, interrompue ensuite d'enquête, avant la pose des qualités et dans laquelle le droit proportionnel entier est de 250 francs, il serait dû la somme de 212 fr. 13 qui est le produit de la répartition proportionnelle de ce droit avec les chiffres correspondants des droits fixes.

$$\frac{250 \times 150}{330} = 113 \ 63$$

$$\frac{250 \times 80}{330} = 60 \ 63$$

$$\frac{250 \times 50}{330} = 37 \ 87$$

$$\frac{250 \times 50}{330} = 37 \ 87$$

212 13 droit dû.

37 87

Droit entier... 250 »

TABLEAU SYNOPTIQUE
DES DROITS FIXES DANS LES INSTANCES

DROITS ACQUIS suivant l'état de la procédure.	1/4 du droit avant inscription au rôle.	1/2 du droit après inscription et avant les conclusions prises.	Droit entier après le premier jugement ou les conclusions prises avant ce jugement.	Droit avec une mesure d'instruction.	après rétablissement au rôle, avant conclusions prises:	Droit entier après le deuxième jugement ou les conclusions prises avant ce jugement.	Avant conclusions prises sur le second incident.	Après conclusions prises sur le deuxième incident.
Contradictoires. Sommaires. demandeur...	15 »	30 »	60 »	Ecritures.	90 »	120 »	140 »	160 »
défendeur....	10 »	20 »	40 »	id.	60 »	80 »	92 50	105 »
Ordinaires. demandeur...	37 50	75 »	150 »	230 »	280 »	330 »	370 »	410 »
défendeur ...	25 »	50 »	100 »	160 »	200 »	240 »	270 »	300 »
Par défaut. Sommaires.............	» »	12 50	25 »	Ecritures.	» »	75 »	90 »	105 »
Ordinaires.............	» »	40 »	80 »	120 »	» »	150 »	70 »	190 »

CHAPITRE V.

Matières spéciales.

Nous proposons les droits suivants pour les affaires ne rentrant pas dans les instances ordinaires ou sommaires.

§ 1er. — Instances en Chambre du Conseil.

Affaires contradictoires . . . . . { En demandant. 50 »
{ En défendant. 30 »

Affaires par défaut . . . . 40 »

Exception devrait être faite pour la conversion de la séparation de corps en divorce qui comporterait un droit plus élevé, à cause de l'importance de la cause.

Affaires contradictoires . . . . . { En demandant. 150 »
{ En défendant. 100 »

Affaires par défaut . . . . 60 »

§ 2. — Jugements sur requête.

Droit fixe . . . . 40 »

Exception devrait être faite pour le jugement ordonnant une vente, lequel devrait comporter, en sus du droit fixe, le droit de fixation de mise à prix, soit 25 francs.

§ 3. — Référés.

Affaires contradictoires . . . . { En demandant. 25 »
{ En défendant. 20 »

Affaires par défaut . . . . 15 »

Nous avons sensiblement augmenté les droits, en cette matière, parce que les référés ont pris, de nos jours, une importance capitale. On y statue parfois sur des questions délicates et on y ordonne souvent des mesures d'instruction qui suppriment l'instance préparatoire. Il serait à désirer qu'au cas où une expertise est ordonnée les droits fussent portés au double.

Nous renvoyons pour les formalités postérieures à l'ordonnance à nos précédentes observations (Chap. III).

§ 4. — Délivrances de secondes grosses.

Droit fixe.................................... 15 »

§ 5. — Envoi en possession.

Droit fixe.................................... 15 »
Droit proportionnel sur le montant du legs....... 1 %

§ 6. — Commissions rogatoires.

Interrogatoire .... 15 »
Enquête contradictoire { En demandant......... 50 »
{ En défendant.......... 40 »
Enquête par défaut........................... 40 »

§ 7. — Interrogatoire sur faits et articles.

Droit fixe.................................... 40 »

§ 8. — Arbitrage, réceptions de caution.

Droit fixe.................................... 40 »

§ 9. — Requêtes spéciales étrangères à toute instance.

telles que requête pour vente de mobilier, pour saisie-gagerie, revendication ou foraine, pour désigner un notaire afin de représenter un absent.

Droit fixe.................................... 10 »

CHAPITRE VI.

Ventes.

Section I.

Ventes au-dessous de 2,000 francs.

A la suite de la circulaire de Monsieur le Garde des Sceaux qui avait institué une commission de révision des taxes, en cette matière, une entente est intervenue entre la Cour d'appel de Riom et les tribunaux du ressort d'après laquelle aucune vente d'immeubles ne peut être poursuivie si la mise à prix n'est pas au moins de 500 francs, avec frais de poursuites payables en sus. Nous n'avons, par suite, aucune proposition a faire en ce qui touche les ventes inférieures à 500 francs. Nous consentirions pour les autres, à des tarifs très réduits qui pourraient être les suivants :

Pour les ventes dont le chiffre de l'adjudication n'atteindrait pas 1,000 francs, un émolument fixe de....... 40 »

Pour celles dont le chiffre d'adjudication serait inférieur à 2,000 francs, un émolument fixe de............. 60 »

SECTION II.

Ventes au-dessus de 2,000 francs.

Le questionnaire auquel nous répondons semble écarter la combinaison des droits fixes et proportionnels et ne prévoir qu'un droit proportionnel. Ce droit proportionnel, quand il sera seul alloué, devra donc, tout à la fois, représenter les émoluments attachés à la procédure de vente et la remise proportionnelle actuellement allouée sur le montant de l'adjudication. Il en résulte que ce droit proportionnel devra nécessairement être plus élevé sur les premiers mille francs, puisque les formalités sont les mêmes, qu'il s'agisse d'une vente moyenne ou d'une grosse vente.

Le montant des droits comprendrait tous les émoluments à partir du cahier des charges, en matière de licitation, et à partir de la transcription de la saisie, en matière d'expropriation.

Il serait calculé *séparément* sur chaque lot.

Au cas où l'adjudication n'aurait pas lieu, les droits subiraient une réduction suivant le degré d'avancement de la procédure. Après la rédaction du cahier des charges jusqu'au dressé des placards, il pourrait être alloué un quart des droits. Moitié après le dresse des placards jusqu'à l'adjudication. Ces droits réduits seraient calculés sur la valeur de l'immeuble déterminée par les extraits matriciels ou tels autres éléments d'appréciation.

§ 1. — Ventes sur saisie.

Sur les premiers 5,000 francs	5 %
De 5,000 à 10,000 francs	2 %
De 10,000 à 50,000	1 %
Au delà de ce chiffre	0 fr. 50 %

§ 2. — Licitations ou autres ventes.

Sur les premiers 5,000 francs	6 %
De 5,000 à 10,000 »	3 %
De 10,000 à 50,000 »	1 50 %
Au delà de 50,000 »	0 75 %

En cas de licitation, la moitié du droit appartiendrait à l'avoué poursuivant ; le surplus serait partagé, par égales parts, entre les avoués ayant occupé dans la vente, y compris le poursuivant.

§ 3. — Ventes renvoyées devant notaire.

Droit fixe représentant les émoluments de la procédure	100 »
Indemnité en cas de déplacement : une ou deux journées de campagne tarifées à raison de cinq myriamètres pour un jour	30 »
Droit proportionnel. { Sur les premiers 5,000..	1 %
Au delà de ce chiffre....	0 50 %

§ 4. — Surenchères du 6ᵉ et du 10ᵉ.

Devant le tribunal civil du Puy, les ventes par surenchère du 6ᵉ sont toujours poursuivies, non par les surenchérisseurs, mais par l'avoué qui a poursuivi la première vente. Le droit proportionnel devait alors être calculé sur les chiffres définitifs produits par la seconde adjudication, tant pour les surenchères du sixième que pour celles du dixième.

Droits fixes.
- Avoué poursuivant la vente... 80 »
- Avoué surenchérisseur....... 50 »
- Avoué surenchéri ou du vendeur...................... 40 »

Droits proportionnels, comme en matière de saisie ou de ventes sur licitation, suivant les cas.

§ 5. — Folles-enchères.

Droit fixe................................. 80 »
Droits proportionnels sur le prix total de l'adjudication comme en matière de saisie ou de ventes sur licitation, suivant le cas.

CHAPITRE VII.

Formalités diverses.

§ 1. — Adjudication.

Droit fixe.................................. 50 »
Droit proportionnel { sur les premiers 5,000 francs 1 %
{ au-delà de ce chiffre.... 0 50 %

§ 2. — Purge légale.

Droit fixe................................. 30 »
Droit proportionnel sur le prix............... 1 %

Ce droit proportionnel se justifie à raison de la responsabilité exceptionnelle qu'entraîne cette formalité et des soins qu'elle exige.

§ 3. — Poursuite d'ordre.

Droit fixe............... .... 50 »
Droit proportionnel sur le prix en distribution.... 1 %

§ 4. — Contributions.

Droit fixe.. 25 »
Droit proportionnel sur le prix en distribution.. 0 50 %

§ 5. — Productions à ordres et à contributions.

Droit fixe.. 15 »
Droit proportionnel pour les ordres seulement :
Sur les premiers 5,000 francs.................. 2 %
Au-delà de ce chiffre........................... 3 %

Ces droits seraient prélevés sur la masse et distraction en serait prononcée sur le bordereau de collocation au profit de l'avoué.

En cas de non collocation en rang utile, le droit fixe serait seul dû.

§ 6. — Purge inscrite.

Droit fixe.. 50 »
Droit par chaque créancier..................... 8 »
Droit proportionnel sur le prix............... 0 50 %

Ces deux derniers droits pour compenser les écritures très importantes dans les notifications de contrat.

§ 7. — Renonciations, acceptations bénéficiaires.

Droit fixe par chaque partie comparante........ 6 »

CHAPITRE VIII.

Questions diverses.

§ 1er. — Voyages.

Les frais de voyage constituant des déboursés souvent onéreux dans nos pays de montagne, nous proposons de les faire payer en sus des émoluments. Leur tarification ne devrait pas s'établir par kilomètre car, que la distance à parcourir soit longue ou courte, une journée entière est ordinairement employée pour les formalités qui exigent un déplacement. Dans nos pays où, sur douze cantons ruraux, un seul est desservi par la voie ferrée, la journée de campagne devrait être taxée au minimum à 30 francs.

§ 2. — Correspondance.

Nous estimons que la distinction faite par le tarif de 1807 pour le cas où la partie habite ou non l'arrondissement n'a plus de raison d'être aujourd'hui. Un droit de 3 francs et 6 francs par jugement devrait être alloué, toutes les fois que le client n'habiterait pas la ville où siège le tribunal, mais nous pensons que ce droit devrait se confondre dans les émoluments fixes. Il ne devrait être alloué que les simples déboursés.

§ 3. — Vacations diverses.

Toutes les vacations relatives aux instances tarifées devraient être supprimées ; les autres taxées uniformément à 6 francs.

§ 4. — Écritures.

Moyennant les allocations des droits proposés, les émoluments attachés aux copies de pièces devraient être supprimés jusqu'aux jugements définitifs, et conservés seulement pour les formalités postérieures à ces jugements (voir Chap. III).

§ 5. — Unification du tarif.

Le tarif actuel distingue trois classes ; nous estimons que deux seraient suffisantes : la première, comprenant Paris et les villes assimilées par les décrets, la deuxième, toutes les autres villes sans distinction de résidence et de population. En effet, en dehors de Paris et des grandes villes, les frais généraux et les exigences de la vie matérielle ne sont pas sensiblement différents entre les divers arrondissements et entre les villes d'importance secondaire. Ce mode proposé supprimerait certaines anomalies qu'il est superflu de de faire ressortir ici, celle-ci par exemple : un chef-lieu de cour d'appel de faible importance bénéficiant du tarif de deuxième classe alors qu'une ville plus importante, mais ne dépassant pas 30,000 habitants, est soumise au tarif de troisième classe.

§ 6. — Honoraires particuliers.

Dans certaines affaires exceptionnelles qui, soit à cause des difficultés qu'elles présentent, soit à raison de leur nature ou de leur importance, justifient des honoraires particuliers, les magistrats taxateurs, tout en reconnaissant la légitimité de ces honoraires, objectent qu'ils ne peuvent les allouer en taxe, aucune disposition du tarif ne les y autorisant. Il serait donc à souhaiter que le nouveau tarif posât, *en principe*, que des honoraires particuliers puissent être alloués, en ces sortes d'affaires, et soient susceptibles de taxe comme des frais ordinaires.

Cependant, pour rentrer dans les vues de l'unification demandée et aussi pour permettre aux plaideurs de se rendre compte des frais à exposer, avant d'engager un procès, nous n'hésitons pas à déclarer qu'il serait de beaucoup préférable de majorer un peu les droits fixes et de décider, qu'en dehors de ces droits, aucun honoraire ne pourrait être réclamé dans les instances.

§ 7. — Produits moyens et approximatifs.

Matière sommaire	en demandant	50 »
	en défendant	40 »
	par défaut	25 »
Matière ordinaire	en demandant	150 »
	en défendant	130 »
	par défaut	30 »
Licitations	en demandant	200 »
	en défendant	100 »

Saisies-réelles...............................	200	»
Vente de biens de mineurs.....................	180	»
Surenchères et folle-enchères..................	80	»
Adjudications................................	50	»
Purge légale.................................	40	»
Purge inscrite................................	100	»
Ordres......................................	50	»
Contributions................................	30	»
Productions.................................	25	»
Jugements sur requête.......................	20	»
Répudiations................................	5	»
Référés.....................................	15	»

§ 8. — Observations finales.

Nous nous permettons d'attirer tout spécialement la bienveillante attention de l'honorable Président de la Conférence sur les quelques points particuliers suivants :

1° Dans les instances par défaut, le tarif actuel accorde moins en matière ordinaire qu'en matière sommaire. C'est une anomalie qu'il importe de ne pas laisser subsister.

2° Il existe certaines matières qui, actuellement, ne sont point tarifées telles que la rémunération due à l'avoué séquestre, à l'avoué qui opère un recouvrement amiable ou s'occupe d'une transaction, à l'avoué de l'adjudicataire qui, en dehors du ministère du notaire, règle les bordereaux de collocation délivrés contre son client ensuite de la clôture de l'ordre. Il importerait, au plus haut point, que des émoluments proportionnels fussent prévus dans le nouveau tarif pour ces sortes d'affaires.

3° Il serait juste qu'il nous fut alloué une indemnité, dans les affaires d'assistance judiciaire, dont le nombre grossit de jour en jour et qui deviennent une véritable charge. On ne s'explique pas, en effet, que les honoraires des experts soient réglés dans ces sortes d'affaires et que les honoraires des avoués ne le soient pas.

Avant de clôturer son rapport, la Compagnie des avoués du Puy fait observer qu'elle a examiné surtout le côté pratique de la question de revision et qu'elle a eu surtout en vue de jeter les bases de l'unification et de la simplification du tarif, idées qui semblent avoir inspiré le décret qui a institué la Commission chargée de reviser les tarifs actuels de frais en matière civile.

Le Puy, le 11 février 1901.

La Compagnie des avoués du Puy (Haute-Loire).

Le Puy, imprimerie Régis Marchessou, boulevard Carnot, 23.

www.ingramcontent.com/pod-product-compliance
Lightning Source LLC
Chambersburg PA
CBHW071436060426
42450CB00009BA/2206